철학과 나침반 2

Philofophy and Compaff

철학과 나침반 2

발행일	2025년 5월 30일		
지은이	최동석		
펴낸이	손형국		
펴낸곳	(주)북랩		
편집인	선일영	편집	김현아, 배진용, 김다빈, 김부경
디자인	이현수, 김민하, 임진형, 안유경	제작	박기성, 구성우, 이창영, 배상진
마케팅	김회란, 박진관		
출판등록	2004. 12. 1(제2012-000051호)		
주소	서울특별시 금천구 가산디지털 1로 168, 우림라이온스밸리 B동 B111호, B113~115호		
홈페이지	www.book.co.kr		
전화번호	(02)2026-5777	팩스	(02)2026-5747

ISBN   979-11-7224-654-9 03100 (종이책)   979-11-7224-655-6 05100 (전자책)

(주)북랩 성공출판의 파트너

북랩 홈페이지와 패밀리 사이트에서 다양한 출판 솔루션을 만나 보세요!

홈페이지 book.co.kr   •   **블로그** blog.naver.com/essaybook   •   **출판문의** text@book.co.kr

---

작가 연락처 문의 ▶ ask.book.co.kr

작가 연락처는 개인정보이므로 북랩에서 알려드릴 수 없습니다.

일상의 언어로 철학을 전하는 깊은 사유의 기술

철학과 나침반

Philosophy and Compass

최동석 지음

 북랩

머리말

필자의 보잘것없는 생각들을 모아서 또 한 권의 책으로 내게 되었다. 보잘것없다는 것은 많은 비판의 여지가 있다는 것이다. 진실로 이 책을 읽는 독자들이 비판의 눈으로 이 책을 읽어주기를 바란다. 그런 과정에서 자기만의 사유력이 길러지기 때문이다.

그런데 구별해야 할 개념이 있다. 바로 '비판'과

'비난'이다. 비판은 논리적이고 합리적인 근거를 들어서 상대를 내하는 건실적인 과정인 네 반하여 비난은 그냥 싫어서, 마음에 안 들어서 하는 공격이고 아무런 이득이 없는 행위이다.

부디 이 책을 읽는 독자들이 비난이 아닌 비판을 해주기를 바라면서 글을 마치려 한다.

2025. 5.

근암 최동석 씀

차례

01

도道는 변한다

道可道 非常道

도를 도라고 말할 수 있으면 늘 그러한 도가 아
니다.

노자 도덕경 1장 첫 구절이다. 이 구절이 도덕경
의 핵심이라고 이야기를 하는데 전공철학자들조차
그 의미를 잘못 알고 있는 경우가 많다.

常道를 영원불변의 도라고 해석하여 '도를 도라

고 말할 수 있으면 영원한 도가 아니다'라고 해석하는 것이다.

조금 어렵게 풀이하면 '도를 도라고 말하는 것이 도가 아닌 것이 아니라 늘 그러한 도가 아닌 것이다.'

도를 도라고 말하는 것이 도이긴 하지만 상도가 아니라는 것, 이해가 어려울지 모른다. 이를 비유를 통해서 풀어보겠다.

강이 유유히 흐르고 있고, 그 강의 한 지점에서 강물을 퍼서 '이것이 강이다'라고 말하면 그것은 강의 모습을 잘 표현한 것이 아니란 것이다. 도도 마찬가지이다. 어느 한 시점에서 도를 말하면 그 시점에서의 도일 수는 있지만, 전체적으로 관통하는 도를 잘 표현한 것이 아닌 것이다. 왜냐하면 도는 시대에 따라 변하기 때문이다.

필자의 철학을 대하는 자세에 가장 큰 영향을 미친 구절이 바로 이 도덕경 1장 첫 구절이다. 서양철학이나 유가철학 등 보통의 철학에서는 개념을 규정하려 드는 경향이 강하다. 그러나 그것은 개념을 잘 나타낸 것이라고 할 수 없다.

예를 들어보자.

효라는 개념에 대해서 '효는 이러이러한 것이다'라고 말하는 것은 효를 잘 말한 것이 아니다.

왜냐하면 효는 시대에 따라 변하기 때문이다. 대표적인 것이 3년상이다. 공자는 효자라면 반드시 3년상을 지켜야 한다고 생각했고, 조선시대까지 그러한 관념은 유지되었다. 그러나 현대에서는 그 누구도 3년상을 주장하지 않는다. 이렇듯 도는 시대에 따라서 변하는데 예전의 도를 고집하는 것은 '시대의 오류'에 빠지기 쉬운 행위이다.

서양철학의 원류라고 평가되는 플라톤의 경우도 개념을 정의하고 그에 따라 그 의미를 풀어내는 사상을 전개해갔으나, 이 모든 시도는 도덕경의 이 한 구절에 의해서 통박되는 것이다.

　시대가 변했는데도 예전의 관습, 사조에 얽매여 사는 사람들이 있다. 그리고 그들은 바로 이 '도가 도 비상도'의 의미를 음미하는 것이 필요한 것이다.

02

정의는 승리하는가?

이 질문은 대답하기가 쉽지 않다. 그럴 수도 있고 그렇지 않을 수도 있기 때문이다. 그러나 대체적인 추이는 살펴볼 수 있을 것 같다.

어느 한 사회가 불의에 대해서 둔감해지고 불의를 불의로 느끼지 못하는 사회가 되면 그 사회는 정의가 패배할 가능성이 높아진다. 도덕적 감수성이 살아있지 않은 사회에서는 불의가 불의로 느껴

지지 않으며 불의를 느끼더라도 시간이 얼마 지나
지 않아 망각되고 만다.

  하지만 불의에 대해서 분노하는 사회, 그리고 정
의에 대해서 정의라고 느낄 수 있는 도덕적 감수성
이 살아있는 사회에서는 결국에는 정의가 승리하
고 불의가 패망하게 된다.
  즉, 그 사회가 깨끗하고 맑은 사회라면 정의가 이
기게 되겠지만 그 반대로 그 사회가 타락하고 혼탁
한 사회일수록 불의를 용납하는 사회가 되며 불의
가 정의를 이기는 사회가 될 것이다.

  우리는 정의는 이겨야 한다고 배워왔다. 아니 더
정확히 말하자면 정의가 승리해야 한다는 당위성
을 교육받아온 것 같다.
  하지만 현실 사회에서는 그렇지 않은 경우도 많
이 있다.

이런 상황에서 우리는 어떤 자세를 가져야 할 것인가?

위에서 언급했지만 그 사회가 얼마큼 도덕적 감수성을 갖고 있느냐가 그 핵심이 될 것이며 그런 도덕적 감수성이 살아있는 사회는 건강한 사회라고 할 수 있다.

꿈과 현실 사이

꿈과 현실 사이에서 꿈을 좇는다는 것은 뭔가 더 가치있고 고상한 일인듯 보인다.

그러나 꿈 못지 않게 현실도 중요하다. 흔히 꿈을 강조하고 꿈을 선택하라고 조언을 하지만 조금은 무책임한 말일 수 있다. 더군다나 그 꿈이 돈으로 연결되기 쉽지 않은 것이라면 말이다.

자본주의 사회에서 돈이 없다는 건 서럽고 비참

한 일이다. 그 서러움은 겪어보지 않으면 잘 공감하기 어렵다. 필자의 조언은 꿈을 좇는 과정에서 온갖 어려움과 역경을 견뎌내고 자신의 모든 노력과 열정을 쏟아낼 각오가 되어있다면 꿈을 선택하라고 말해주고 싶다.

무슨 일이든 그 방면에 1%에 들어간다면 먹고사는 문제는 해결된다고 생각한다. 문제는 그러한 경지까지 가는 과정이 쉽지 않다는 것이다.

그러한 각오가 서지 않았다면 신중해질 필요가 있다.

이것이 가장 균형 잡힌 조언이 될 수 있다고 생각한다.

04

극우와 극좌의 폐해

논어 '위정' 편에 다음과 같은 말이 있다.

　子曰 攻乎異端 斯害也已矣

　여기서 攻은 전공하다의 뜻으로 새기기도 하고
공격하다의 뜻으로 풀이하기도 한다.
　그리고 異端(이단)은 보통 정통에 반하는 것으로
해석한다. 그러나 공자 시대에 이런 의미의 이단이

랄 게 딱히 존재하지 않았다.

필자는 이단을 극단적인 것으로 해석한다.
그래서 극단적인 것을 공격하면 해가 될 뿐이다.
어쨌든 극단적인 것을 매우 경계했다는 의미이다.

사람에게 왼팔, 오른팔이 있는 것처럼 사상에도
좌, 우가 있게 마련이다. 그러나 극단으로 치우치
면 이야기가 달라진다. 즉 극좌, 극우는 좌, 우의 극
단적인 형태이고 이는 해로움만을 낳을 뿐이다.

역사적으로 극좌와 극우의 대립이 크나큰 해가
된 사례가 있으니 대표적인 것이 우리나라의 해방
이후 극좌, 극우의 대립이다. 북에선 극좌인 김일
성이, 남에선 극우인 이승만이 집권하였고 이들의
대립이 극단으로 터진 것이 바로 6·25 전쟁이다.
해방 직후 여운형을 중심으로 한 중도좌파와 중도

우파는 화합이 가능했으나 여운형이 피살되고 중
도의 좌우합작이 어그러진 후 결국 극우인 이승만
이 집권한 것이다.

  현재로 시선을 옮기면 한반도에는 북에는 극좌세
력이 장기 집권을 하고 있다. 이러한 상황에서 남
에서 극우가 집권을 하면 대립이 격화되고 전쟁의
위기감까지 생겨난다.

  공자의 말처럼 극단세력이 사회주도세력이 되면
그 해가 적지 않은 것이다.

소크라테스는 악법도 법이라고
했을까?

가수 나훈아가 〈테스형〉이라는 곡을 불러 대중에게 더욱 친숙해진 그리스의 철학자 소크라테스. 그는 과연 '악법도 법'이라고 했을까?

나는 철학 공부를 하기 전에, '과연 악법도 법이고 따라서 불합리해도 따라야 하는 걸까?' 하는 의문을 떨쳐낼 수가 없었다.

더군다나 세계 4대 성인(이것도 누가 정했는지 알 수

없다)이라는 소크라테스가 한 말이라는데…. 받아
들이기는 하지만 뭔가 찜찜함을 지울 수가 없었다.

소크라테스는 '사악한 자이며 땅 아래에 있는 것
과 하늘 위에 있는 것을 탐구하는 괴상한 사람이
고, 나쁜 명분을 좋은 명분처럼 보이게 하는 기술
에 능한 데다 그런 기술을 다른 사람에게 가르치기
까지 한다'라는 고소장에 따라 기소되었다.

그리고 사형을 언도받았는데, 당시 재판부가 허
용한 특권을 이용하면 사형을 면할 수 있었다. 그럼
에도 그렇게 하지 않은 것은, 특권을 이용하면 자신
의 유죄를 인정하는 것이 되어 버리기 때문이다.

그런데 곡학아세(曲學阿世)하는 이들이 '악법도 법'
이기 때문에 소크라테스가 사형을 받아들였다고
왜곡시킨 것이다. 소크라테스는 구차스럽게 사느
니, 명예로운 죽음을 택했을 뿐이다.

결론적으로 소크라테스는 '악법도 법'이란 말을 한 적이 없으며, 학문을 왜곡해서 권세가에 아부하는 자들이 사건의 맥락을 생략한 채 만들어낸 말인 것이다.

06

순자는 왜 성악설을 주장했을까?

중국 고대 사상가인 순자 하면 가장 먼저 무엇이 떠오르는가?

모르긴 몰라도 열에 아홉은 인간의 본성은 악하다는 성악설을 떠올릴 것이다. 그리고 그 점 때문에 수많은 비난과 오해의 대상이 되어왔다.

그렇다면 순자는 왜 성악설을 주장했을까? 다음 글을 읽어보자.

인간의 성품은 악하다. 선한 것은 인위적인 노력의 결과이다.

여기서 순자가 말하고 싶었던 것은 '인간의 성품은 악하다'라는 것이라기보다는 '선한 것은 인위적인 노력의 결과다'이다. 훌륭하고 가치 있는 것은 모두 인간 노력의 결정이고, 이러한 인간 노력을 통해 가치 있는 것을 만들어 낼 수 있다.

어떤 사람이 어린 시절부터 폭력적인 환경에 자주 노출이 되어 무의식 혹은 내면에 폭력적인 성향이 강하다고 가정해보자. 그가 그런 성향을 여과 없이 분출해버리면 그가 갈 곳은 감옥밖에 없고, 아무 쓸모없는 인간이 될 뿐이다. 그러나 인위적인 노력으로 폭력성을 억누르고, 혹은 폭력성을 사회적인 가치가 있는 행위(예를 들면 복싱 선수로 성공을 거

두는 경우)로 만들어낸다면 이런 것이 순자가 말하고 싶었던 것이다.

비록 순자가 성악설을 주장하였다 하여 그러한 주장이 바로 진리가 될 수 없고, 어떤 실험을 통해서 입증하기도 어렵다.

그러나 자신의 내면의 악을 극복하고, 인위적인 노력으로 훌륭하고 가치 있는 인간이 될 수 있다면 이것이야말로 순자가 말하고 싶었던 것에 올바르게 다가간 그런 모습이라 생각된다.

07

박정희 대통령에 대한 생각

'돈 없고 힘없는 것처럼 서러운 것은 없다'는 도올 김용옥 선생의 말을 인용하지 않더라도, 가난한 약소국이라는 것은 비정한 국제사회에서 비참한 것이다.

이러한 '돈 없고 힘 없는 나라'에서 단기간에 경제 기적을 일구어낸 박정희 대통령의 업적은 좌우, 진보, 보수를 떠나 그 누구도 부정할 수 없다. 문제는 모든 인물에는 공(功)과 과(過)가 있기 마련이며 모든 일에는 명(明)과 암(暗)이 존재하기 마련이니 박정희 대통령도 예외는 아니었다.

'인혁당 사건'으로 대표되는 인권탄압이 바로 그것이다. 반대세력을 무자비하게 억누르며 이루어낸 성과라는 것이다.

어떤 이는 경제발전이라는 면만을 보고 그를 칭송하고, 또 어떤 이는 그러한 인권탄압의 행태를 보고 그러한 업적을 폄훼한다. 이 지점에서 필자가 짚고 넘어가고 싶은 것은 이런 것이다.

과연 극단적인 인권 탄압 없이, 민주적인 방법으로 그러한 경제발전은 불가능했느냐는 점이다.

국민을 설득하고, 야당을 포섭하면서 이룰 수는 없는 것이었을까? '압축성장'을 이루어야 하는 시대적 특수성을 고려한다고 해도, 좀 더 민주적 과정으로는 불가능했는가?

과정과 결과를 말할 때, 과정이 더 중요하다고 말하지만 결과 역시 무시할 수 없을 만큼 중요하다. 하지만 가장 좋은 것은 올바른 과정에서 좋은 결과를 도출해 내는 것이다. 이런 점을 염두에 두고, 다시 한번 역사적 평가를 내리는 시각도 분명 중요하다고 생각한다.

08

진보의 가치와 보수의 역할

'나는 진보다' 혹은 '보수다'라고 말을 하면서 정작 보수가 무엇을 말하는지, 진보의 의미는 무엇인지 정확히 모르는 사람들이 많다.

먼저 진보는 한자로 쓰면 進步 나아갈 진, 걸음 보를 쓴다. 즉, 앞으로 나아간다는 의미이며 미래를 향해 발전적 변화를 지향하는 이념체계를 말한다.

반면 보수는 保守 지킬 보, 지킬 수로 쓰며 과거의 아름다운 전통과 가치를 지켜나간다는 의미가 내포되어있다. 과거에 방점이 있으며 本(본)으로서의 과거를 지향한다.

역사는 법, 제도, 정치 등 진보의 힘에 의해 발전해왔다. 과학의 발전도 진보의 힘이라고 이야기할 수 있다. 항상 발전적 변화를 모색하는 자세를 견지한다.

그렇다면 보수의 역할은 무엇인가? 무슨 일이든 변화라는 것은 항시 잘못되어갈 가능성이 상존하기 마련이다. 더욱이 이전에 시도된 적이 없는 미래에 대한 변화라는 것은 항상 옳을 수는 없다. 이를 견제하면서 균형을 잡는 게 보수의 역할이다.

가까이서 보면 진보, 보수는 대립적 관계인 것처

럼 보일 수 있다. 그러나 거시적 관점에서 보면 서로 피차간에 서로 도움이 되는 상보적 관계이다.

한편 한국정치사에서 보수로서 성공한 정권이 나오지 못한 것은 크나큰 불행이다. 광복 이래 성공한 보수 정권이 탄생했다면 이후의 역사에서 어떤 기준점 역할을 할 수 있기 때문이다.

한편 유념할 것은 진보, 보수는 좌익세력, 우익세력과는 또 다른 개념이란느 것이다. 경제적으로 좌는 평등, 분배를 강조하고 우는 발전, 성장을 강조한다. 그런데 과거에도 나눔을 미덕으로 여기는, 굳이 말하자면 좌에 속한다고 할 수 있는 보수도 있었다는 것이다. 또한 진보도 성장을 통한 발전적 변화를 꾀하는 세력도 얼마든지 있을 수 있다.

즉, 진보는 좌익이고, 보수는 우익이라는 관념은

잘못된 것이다.

그리고 덧붙이고 싶은 것은 '흑묘백묘'와 같이 진보가 집권을 하든 보수가 집권을 하든 국가와 사회 발전에 긍정적 요소를 가져올 수 있다면 그 어떤 세력이 집권하든 상관없다고 생각한다. 문제는 1차적으로 최소한 인간다운 인간, 인간으로서의 기본을 갖춘 인물집단이 집권세력이 되어야 한다는 것이다.

09

예측의 전제조건

언제인가 축구 국가대표 대항전 한일전이 열렸다. 당시 한국은 유럽파가 대부분 빠져 있었고 어쨌든 객관적인 전력이 열세였다. 그러나 한국인 대부분은 한국의 승리를 예측했다. 결과는 한국의 대패였다. 즉, 기대와 현실이 달랐던 것이다.

기대는 한국의 승리였고 현실은 한국의 대패였다.

합리적인 도박사들은 기대에 베팅하지 않고 현실에 베팅을 했을 것이다.

주식투자도 마찬가지이다. 내가 오르길 바라는 종목에 투자하는 것이 아닌, 여러 정황을 정확히 파악하여 실제 오를 거라 예측되는 종목에 투자해야 하는 것이다.

이러한 원리는 모든 예측에 확대적용 될 수 있다.

자식이 현실은 대학교에 갈 실력이 안 되는데 서울대 혹은 소위 명문대에 가기를 기대한다면 부모는 부모대로 힘들고 자식도 고통으로 다가오게 된다.

긍정적인 것과 현실 직시는 다른 것이다. 이러한 긍정적인 마인드는 헛된 꿈일 뿐이다. 현실을 직시하여 미래를 예측하고 계획을 짜야 하는 것이다.

예측의 시작은 기대와 현실을 명확히 구분하는 데에서 시작된다.

10

가난하지만 존경받는 사람, 돈이 많지만 비난받는 사람

예전에 필자가 사는 동네에 정직하기로 유명한 내과 의원이 있었다.

환자가 아프니 약 처방을 요구하면 오히려 이걸 가지고 무슨 약을 먹냐며 그냥 돌려보내기도 하고, 또 검사를 하자고 하면 그냥 지나가는 증상입니다, 하며 넘기기도 하였다. 이러한 정직함에 그 의사는 실력도 출중했던 것으로 기억한다. 동네 사람들이 말하길 그 의사가 돈 욕심을 부렸다면 빌딩도 세웠을 거라고 했다. 나는 아직 그 의사를 존경하며, 사회에 그런 사람이 많고 또 존경받는 세태를 만들어야 한다고 생각한다.

반면, 주식투자로 엄청난 돈을 번, 그래서 투자의 귀재로 추앙받는 인물도 있다.

나는 그가 왜 그렇게 존경받고 추앙받아야 하는지 이유를 모르겠다. 그는 단지 자신의 이익을 위해 투자 수완을 발휘했고 그래서 부자가 됐을 뿐이다. 오히려 그렇게 돈이 많으면서 주변에 나눌 줄 모르고, 자기가 번 돈을 움켜쥐기만 하고 더 큰 돈을 벌기 위해 안간힘을 쓰는 모습에 존경심은커녕 비아냥만 나온다.

우리는 자본주의 사회에서 살고 있고, 그래서 '성공은 곧 돈'이라는 등식이 자연스럽게 받아들여지는 경향이 있다. 그러나 나는 그러한 경향이 조금은 못마땅하다.

소위 부자여도 행실이나 말하는 것이 그 재력을 따라가지 못하는 졸부들도 있다.

또 조금은 가난하지만 품행이나 조금이라도 나누려는 모습에 절로 존경심이 드는 인물도 있다. 필자는 전자보다 후자가 많아져야 하며, 또한 그러한 '존경받는 선비'들이 대접받는 사회 풍조를 만들어가야 한다고 생각한다.

싸이의 세계적인 히트곡 '강남스타일'도 결국 졸부를 비꼬는 노래다. 어떤 것이 소중하고 어떤 것이 더 가치있는 것인지 생각하며 사는 사람들이 많아졌으면 하는 바람이다.

11

마음 가는 대로 한다는 말

논어 〈위정〉편에 다음과 같은 말이 있다.

공자가 말했다. 나는 열다섯에 학문에 뜻을 두었고 서른에 홀로 일어섰으며 마흔에 유혹에 흔들리지 않았고 쉰에 천명을 알았으며 예순에 귀가 순해졌고, 일흔에 마음 가는대로 해도 법도를 넘지 않았다.

아마도 공자가 말년에 자신의 일생을 회고하며 한 말인듯 싶다. 이 구절에서 그 유명한 '마흔에 불혹'이라는 말이 나왔다. 그러나 필자는 일흔에 마음 가는 대로 해도 법도를 넘지 않았다는 말에 주목하고 싶다.

공자와 같이 聖人(성인)이라 일컬어지는 인물도 일흔이 되어서야 마음 가는 대로 할 수 있었다는 말이다. 뒤집어 이해하면 일흔 전에는 마음 가는 대로 하면 법도를 넘는 일이 생겨났음을 알 수 있다.

이것은 공자의 경우이다. 凡人(범인)인 우리들은 어떻겠는가? 나와 공자가 동급인가? 마흔에 불혹하며, 일흔에 마음가는 대로 해도 될까?

공자의 일생은 평생 修身(수신)을 중단하지 않았으며 그 결과 일흔이 되어서야 마음가는 대로 해도 괜찮았다는 이야기다.

인간은 끊임없이 자신을 성찰하고 반성하는 修
身(수신)을 게을리해서는 안 된다. 그리고 공자가
그럴진대, 마음 가는 대로 행동해도 법도를 넘지
않는 경지는, 평생의 수신이 이루어진 후에야 이루
어진다.

12

사마천의 경제관 - 화식열전

2천여 년 전에 쓰인 사마천의 사기에 나타난 그의 경제관은 소름이 끼치도록 예리하고 냉철하다. 기본적으로 그는 부를 원하는 마음을 모든 직업을 넘어서서 자연스러운 본성임을 이야기하고, 사농공상의 전통적인 직업서열의식을 뛰어넘는 철학을 보여주고 있다. 즉 사가 본이고 상이 가장 말이라는 의식을 부정하고 사농공상의 균형 있는 발전이 국가가 부강해지는 첩경임을 역설하고 있다.

또한 상업에 종사하는 것이 치부를 하는 최고의 방법이라고 이야기한다. 아울러 거부는 한 나라의 왕자와 필적할 만한 권세를 누리게 된다고 말한다. 그리고 곳간이 차야 비로소 예절을 알게 되고, 은혜를 베풀게 된다고 이야기하고 있다. 그러면서 가장 못난 인간은 가난하면서도 일하지 않는 자라고 역설하고 있으니, 전통적인 유교에서 청빈한 선비의 덕을 높이 여겼던 사상과 반대되는 듯이 보이기도 한다.

필자는 사마천의 경제관에 딴지를 걸 생각은 없다. 누구나 부를 원하는 것은 자연스러운 일이며, 사농공상으로 대변되는 차별의식이 얼마나 부질없는 것인지는 두말할 필요도 없다. 그리고 당장 먹고사는 것이 최우선인 자에게 예절이라는 것이 어떤 의미가 있을까 하는 생각도 하게 된다.

C

그러나 필자가 덧붙이고 싶은 것은, 이러한 인간의 본성에도 불구하고, 자신의 길을 꿋꿋이 가고, 결국엔 역사에 이름을 남기는 위인은 단순히 훌륭한 부자를 넘어서 위대한 인물이라고 말하고 싶다. 그리고 그러한 인물이 진정 세상을 발전시켜 왔으니, 그러한 인물에 대한 존경과 경탄은 아무리 많아도 지나치지 않다고 생각한다.

13

자본주의 사회의 이자에 관하여

마르크스는 경제체제에 관하여 고대 노예제, 중세 봉건제 그리고 자본주의 로 변화해 간다고 주장하였다. 이후의 체제는 알 수 없으나 어쨌든 현대에 올수록 진화해왔던 것은 사실이다. 그러나 '자본주의가 최선의 경제 시스템인가'라는 물음에 필자는 섣불리 예, 하고 답할 수 없다.

 자본주의는 자본이 근간이 되는 사회이고 가장

큰 맹점은 자본주의가 심화될수록 부익부, 빈익빈이 가중된다는 것이다.

자본이란 것은 그대로 보유만 하고 있으면 인플레이션에 의해 가치가 하락하게 된다. 물가가 오르기 때문이다. 대신 누군가에게 빌려주면 이자가 붙어서 액수가 불어나게 된다. 예를 들어 갑이 1억을 가지고 있다면 인플레이션에 의해 1년 후엔 가치가 1억 미만으로 떨어진다. 그러나 연 10퍼센트의 이자를 받고 빌려준다면 1년 후엔 1억 1천만 원이 된다.

이 부분에서 대부분 당연하게 여겼던 것이지만 곰곰이 생각해보면 쉽게 납득할 수 없는 현상임을 알 수 있다. 다시 말해 돈이 없어서 빌린 사람이 돈이 많아서 빌려준 사람에게 이자를 붙여서 되돌려주게 된다. 자본이란 것이 가난한 사람으로부터 부자인 사람으로 이전되는 것이다.

대개 은행과 같은 금융기관을 매개로 해서 일어나는 일이지만 어쨌든 원리으로는 그렇다는 것이다.

다시 한번 생각해보자. 돈을 빌려줘서 이자를 얹어서 되받는 행위가 정당한 행위가 될 수 있는가? 이자의 존재를 인정한다면 이러한 문제는 국가의 개입을 통해서만이 조정될 수 있다. 이것이 자본주의 사회에서 좌파의 역할 중의 하나이기도 하다. 자본주의가 심화될수록 '보이는 손'이 필요한 것이다. 어느 사회든 부자는 소수이고 빈자는 다수이기 마련이고, 다수가 돈을 빌릴 수밖에 없다면 '보이는 손'의 필요성은 절실해지는 것이다.

14

어릴 때 습관 들이면 좋은 3가지

'세 살 버릇 여든까지 간다'라는 속담이 있다. 그만큼 어렸을 때 좋은 습관 들이는 것이 중요하다는 의미이다. 좋은 습관으로 꼽을 것이 많이 있지만 필자는 세 가지를 제시하고자 한다.

첫째, 책 읽는 습관.
어느 부모나 자식이 공부를 잘하기를 원하거니와 모든 공부의 기초가 되는 것이 바로 책 읽기이다.

책 읽는 습관은 또한 꼭 학교 공부와 연결 짓지 않아도 평생의 자산이 되는 습관이다.

둘째, 양치질하는 습관.

치아 관리는 어렸을 때 들이는 것이 매우 중요하다. 필자는 치아 관리를 잘 못하는 편인데, 어렸을 때 습관을 들였으면 얼마나 좋았을까 많이 안타까워한다. 경제적인 비용도 물론이거니와 치과에 가서 치료를 받는 번거로움, 그리고 노년에 잘 관리된 치아를 가짐으로써 누리는 즐거움은 매우 크다.

셋째, 저축하는 습관.

저축도 습관이 될 수 있다. 돈이 생기면 뭘 살까부터 생각하는 사람이 있는 반면, 얼마큼 저축을 할까부터 생각하는 부류도 있다. 이 또한 어렸을 때부터 습관을 들이면 매우 유용한 습관이 된다. 특히 어릴 때 경제교육에는 다른 것이 없다. 이러한 저축하는 습관을 제대로 길러 놓는 것이 최고의 경제교육이다.

교육의 시작은 가정이다. 그리고 가정에서부터 길러진 좋은 습관은 평생의 자산이 될 수 있다.

15

유용한 아이디어의 가치

아이폰을 쓰다 보면 어떻게 이런 아이디어를 냈을까 깜짝 놀랄 때가 많다. 그리고 그러한 신선한 충격이 아이폰의 이미지를 만든다. 이런 아이디어는 어떻게 나오는 걸까?

애플스토어에 가면 그 힌트를 얻을 수 있다. 그곳은 넓은 공간 안에 수십 대의 스마트 기기가 놓여있고, 마음대로 가지고 놀게끔 되어있다. 여기서 중요한 포인트가 '논다'는 말인데 일단 그곳 판매원들 복장을 보면 매우 자유롭다. 자기만의 개성대로의 의상인 듯하다. 그리고 그곳에서 아이폰, 아이패드 등 기기를 가지고 노는 듯이 보인다. 물론 논다고 해서 아무렇게나 하는 것은 아닌 듯하다. 지켜야 할 최소한의 룰을 만들어 놓고 그 범위 내에서 그렇게 한다는 의미이다. 흡사 놀이터를 잘 만들어 놓고, 그 안에서 자유롭게 노는 아이들이 연상된다. 이러한 기업내의 놀이문화에서 그러한 아이디어들이 나오는 것이 아닌가 생각된다.

 좋은 기술은 10의 이익을 가져다준다면, 유용한 아이디어가 기술을 만나면 100의 이익을 가져다준다. 그리고 애플이라는 기업의 가장 큰 장점이 바로 유용한 아이디어이고, 이는 소위 '놀기'에서 비롯되는 것이 아닌가 생각된다.

16

타고난 자, 노력하는 자, 즐기는 자

타고난 자 위에 노력하는 자가 있고, 노력하는 자
위에 즐기는 자가 있다고 한다.

아무리 타고나고 노력해도 즐기는 자는 당해내지
못한다는 말이다. 어떻게 해야 즐기는 경지에 오를
수 있을까?

필자가 사는 동네에 공터에서 틈만 나면 나와서
스케이트보드를 타는 청년들이 있다. 그리고 그들

의 모습은 분명 즐기는 모습이다.

그들이 처음부터 그렇게 스케이트보드를 타게 됐을까? 결코 그렇지 않을 것이다. 수십, 수백 번 넘어지고 까지고 하면서 그렇게 되었을 것이다. 그런 과정을 거쳐서 스케이트보드를 즐기게 되었을 것이다.

수많은 시도와 시행착오 끝에 얻어지는 것이 즐기는 경지인 것이다. 처음부터 즐기게 된 사람은 없다. 그런 과정을 거쳐서 즐기는 경지에 오르게 되면 그다음엔 거칠 것이 없게 된다.

그리고 그런 사람은 그 방면에 최고가 될 수 있는 것이다.

17

최고의 자신감은 도덕성에서 나온다

김장훈이라는 가수가 있다. 60살이 넘은 걸로 알려져 있는데 십대들에게 인기가 많다고 한다. 90년대 락발라드로 유명한 이 가수에게 무슨 일이 있었던 걸까?

어느 십대 유튜버가 김장훈이 노래부르는 영상을 올렸는데, 이는 좋아서 올린 것이 아니라 조롱하기 위해서였다. 음정, 박자 불안한 음치 가수라고 올

렸던 것이다. 이러한 사안에 대해서 보통 발끈하면서 맞대응하는 것이 보통이다. 그러나 김장훈의 대응은 달랐다. 그는 부드럽게 대응하면서 오히려 그 유튜버를 끌어안았고 그 유튜버는 김장훈의 팬이 되었다. 이를 계기로 십대들에게 인기 있는 가수, 아니 인심 좋은 형으로서 받아들여지게 된다. 이러한 그의 태도는 대단한 자신감에서 비롯되었다고 생각할 수밖에 없다. '아무리 니가 나를 비난해도 나는 나이고 스스로 당당하다'라고 말할 수 있는 자신감 말이다. 어디서 이러한 자신감이 생겨났을까?

나는 평소 그의 선행에서 비롯되었을 거라고 생각한다. 김장훈은 아는 사람은 알거니와 거의 200억에 달하는 금액을 기부하면서 자신은 월세집에서 생활하고 있다. 이러한 선행이 도덕적 자신감이 되었고, 이러한 도덕적 자신감이 자신을 비난하는 상대를 넉넉히 품을 수 있는 원천이 되었으리라.

자신감이 넘치는 사람을 보면 '어디서 저런 자신
감이 나올까?' 하고 궁금할 때가 있다. 돈, 권력, 명
예로도 자신감을 가질 수 있지만, 도덕성에서 나
온 자신감이 으뜸이라 생각한다. 도덕성에서 나온
자신감으로 무장된 이는 '하늘을 우러러 부끄럽지
않을 수' 있고, 이를 능가할 자신감은 없다고 생각
한다.

18

종교라는 이름으로 폭압된 철학

서양의 중세시대는 철학이 신학, 더 구체적으로 말해서 성경의 설명을 위해 존재했던 시대이다. 천여 년간 지속된 이 시기는 인류의 암흑기와 같은 시기이다. 성경의 내용과 다른 주장을 하면 이단으로 몰려서 처형을 당했고, 사상의 자유가 철저히 폭압된 시기였던 것이다.

그런데 이와 같은 중세시대와 같은 삶을 사는 이

들이 있다. 예전에 기독교를 믿는 친구에게서 '성경 외에 다른 책은 읽을 필요가 없다'는 말을 듣고 충격을 받았다. 오로지 성경만이 진리이고 성경만이 옳은 길이라는 것이다. 모르긴 몰라도 다니는 교회의 목사로부터 그런 말을 들었으리라.

현대에도 중세와 같은 삶을 산다는 것은 이런 부류의 삶을 사는 사람들의 삶이다. 인류가 조개의 진주를 만들어내듯, 인고의 시대와 세월을 거쳐서 만들어낸 수많은 사상과 철학을, 성경에 맞지 않는다는 이유로, 거들떠볼 생각도 하지 않는 것이다. 그리고 이러한 목사들을 비롯한 기독교들이 편협한 사고와 시각으로 세상을 판단하고, 재단하고 바꾸려 하는 것이다.

다른 사상과 철학을 공부하는 행위가 결코 성경을 폐기하는 행위일 수가 없다. 오히려 더 풍성한

사유를 통해서 성경을 제대로 보는 눈을 갖게 하는
것이다. 성경만이 진리이고, 성경만이 옳은 길이라
고 믿고 행동하는 이들에게 사회라는 배의 노를 맡
길 수는 없는 것이다.

19

맹자의 위인론偉人論

사서(四書) 중의 하나인 '맹자'에 다음과 같은 구절이
나온다.

하늘이 장차 큰 임무를 어떤 사람에게 내리려 할
때는 반드시 먼저 그의 마음을 괴롭게 하고 그의
근골(筋骨)을 힘들게 하며, 그의 몸을 굶주리게 하
고 그의 몸을 곤궁하게 하며, 어떤 일을 행함에 그
가 하는 바를 뜻대로 되지 않게 어지럽힌다. 이것

은 그의 마음을 분발시키고 성질을 참을성있게 해 그가 할 수 없었던 일을 해낼 수 있게 도와주기 위한 것이다.

— 맹자 고자(告子) 하

하늘이 장차 어느 인물에게 큰 임무를 내리려 할 때 반드시 시련과 고난을 안겨 준다는 의미이다. 이는 천명(天命) 사상, 다시 말해 인간에게 명령을 내리는 존재로서의 하늘이 존재한다는 생각에 입각해서 진술한 말이다.

이 구절을 읽으면서 필자는 뭔가 인과관계가 바뀌었다는 생각을 한다. 다시 말해 그만한 시련과 고통을 이겨낸 인물이어서 결국 큰일을 할 수 있게 된다는 것이다. 거목이 자라는 데는 햇빛과 감로수(甘露水)만 필요한 것이 아니다. 때로는 비바람과 폭풍우를 맞으면서 자라게 된다. 만일 그러한 비바람과 폭풍우에 쓰러진다면 그 나무는 결코 거목이 될 수 없다.

인간도 자신에게 닥친 시련과 고통을 이겨냄으로써 큰 인물이 되는 것이다. 나에게 닥친 시련과 고통이 나를 더 단련시킨다는 생각을 갖고 극복함으로써, 나는 한 단계, 한 단계 점점 큰 인물이 될 수 있는 것이다.

20

공론을 사유화하는 언론

이 장에서는 어느 신문사의 사설을 읽다가 느낀 점
을 말하고자 한다.

　어느 유력 대선후보에게 기업 투자를 활성화하기
위해 필요한 조치들을 주장하면서 마지막엔 상속
세를 삭감해야 한다는 것이다. 경제에 대해서 잘
모르는 필자도 이 주장에 의문이 들기 시작했다.
상속세는 개인의 부에 대해 매기는 세금인데, 법인

세를 인하하자고 주장한다면 따져 볼 여지가 있겠으나 도무지 납득이 되지 않았다. 아버지가 아들에게 물려주는 재산에 부과하는 세금을 깎아주는 것과 기업 투자 활성화와 무슨 상관이 있다는 것인가? 'A, B, C'를 주장하다가 갑자기 '베타'를 주장하니 어찌 황당하지 않겠는가?

이쯤에서 그 사설을 쓴 논설위원의 배경을 짐작할 수 있다. 어느 정도 재산이 있고, 이를 상속받을 자식이 있나 보다. 하지만 누구나 알만한 신문의 사설이라는 공론의 장에, 자신의 바람을 적는 것이 상식적인가? 자신의 일기장에야 얼마든지 '상속세 0원으로 해야'라고 쓸 수 있지만, 한 언론사의 가장 핵심적인 의견을 적는 사설에 자신의 개인적 바람을 적는 것이 납득이 되는가?

언론은 개인의 소유 이전에 공공의 여론을 형성

하는 기관이다. 이와 같이 공론을 사유화하는 것이
우리 언론의 수준이라면, 그래서 시름이 깊어진다
면 나만의 망상인가?

21

무늬만 기독교인, 무늬만 불교인

성경에 '누군가 네 왼뺨을 치면 오른뺨을 대어주어라. 겉옷을 빼앗아 가면 속옷을 내어주어라'라는 내용이 있다. 또한 불교에서는 욕심을 버리고 최소한의 것만 가지고 사는 '무소유' 정신을 강조한다.

필자는 기독교인도 아니고, 불교를 믿지도 않지만 이는 마음에 깊이 간직하려 노력한다.

그런데 목사 중에는 남이 한 대를 때리면 열대를

되갚아 줘야 직성이 풀리는 사람도 있고, 고급 승용차에 첨단 IT기기 등 풀소유의 삶을 사는 중도 있다. 이들이 종교인인가? 종교인이 아닌가? 그가 믿는 종교가 말하는 내용을 흉내라도 내려는 마음은 갖고 있는 것인가?

이들이 과연 예수를 믿고, 부처를 믿는다고 할 수 있는가?

무늬만 기독교인은 기독교인이 아니라 기독교를 망치는 사람이고, 무늬만 불교인은 불교를 더럽히는 사람이다. 주변에서 모두 듣고, 보고, 느끼기 때문이다.

그리고 어떤 종교를 믿는 것보다 더 중요한 것은 그 종교의 좋은 점을 마음으로 받아들여 실천하려는 노력이다. 이러한 자세가 안 되어 있다면 그는 종교인이 아니다.

22

자유주의 경제관 비판

소위 자유주의자들의 경제에 관한 주장은 한마디로 세금을 통한 부의 재분배의 반대이다. 자신이 도둑질이나 사기를 쳐서 축적한 부가 아닌 이상, 국가가 세금을 통해서 경제적 약자를 돕는 정책은 잘못된 것이라고 말하는 것이다. 이는 국가에 의한 폭력 혹은 강탈이라고 생각한다.

　과연 그럴까?

엄청난 부를 쌓은 사람이 한국에서, 경제적 번영을 이룬 한국이라는 나라에서 태어나지 않았다면 그러한 부를 쌓을 수 있었을까? 그가 아프리카의 가난한 나라에서 성장했다면 막대한 돈을 벌 수 있었겠느냐는 말이다. 그의 개인적 노력을 평가절하하는 것은 아니지만 급속한 경제발전을 이룬 한국이라는 배경이 없었다면 그는 소위 부자가 될 수 있었을까?

또한 많은 돈을 갖고 있다는 것은, 돈에의, 물질에의 자유를 가짐을 의미하기도 한다. 그런데 자유에 반드시 따라붙어야 하는 개념이 있으니 책임이란 것이다. 자유를 무한정 누리고 책임을 지지 않는 것은 방종이다. 그리고 이러한 사회적 책임을 거부하는 것은 경제적 방종이라고 할 수 있다.

마지막으로 말하고 싶은 것은, 맹자가 주장한 측

은지심이다. 맹자는 인간이라면 누구나 측은지심을 가지고 있다고 주장했다. 못 가진 자들의 비참한 삶을 안다면, 그리고 알면서 그런 주장을 하는 것은 인간이기를 포기하는 것이다. 측은지심이 결여된 존재이기 때문이다.

국가가 세금을 통해서 부의 재분배를 한다 해서 그의 삶의 기반을 송두리째 빼앗는 정도의 금액을 거둬가진 않는다. 그리고 그가 쌓은 부가 특정한 국가적 배경을 통해서 이루어졌으며, 그것을 통해서 얻은 자유만큼 책임도 따라붙는다는 것, 그리고 무엇보다 그가 측은지심을 가진 인간이라면 그러한 국가의 조세부과에 대해 그런 주장을 하진 못할 것이다.

23

경제학의 2대축 - 성장과 분배

경제학은 희소한 자원을 효율적으로 사용하기 위한 방법을 연구하는 학문이다.

자원은 유한하나 욕구는 무한하니 항상 선택의 문제가 생기게 마련이다.

여기서 곰곰이 생각해보면 경제학의 태생적 문제는 성장이 아니라 분배의 문제임을 알 수 있다.

여기 파이를 만드는 제빵사가 있다. 주어진 재료

(밀가루, 설탕, 시럽 등)는 한정되어있으니 만들 수 있는 파이의 크기는 정해져 있다. 이 파이를 만들어서 6명이 나눠 먹으려 한다. 똑같이 6등분할 수도 있고, 뚱뚱한 사람에게 더 줄 수도 있으며, 오랜 시간 굶주린 사람에게 더 많은 몫을 나누어 줄 수도 있다. 여기서 파이는 유한한 자원을 나타내고, 6명의 소비는 욕구를 나타낸다.

이렇게 보면 경제는 얼마나 큰 파이를 만드느냐가 아니라 어떻게 이 파이를 배분하는냐가 더 중차대한 문제일 수 있다. 자원이 희소하기 때문에.

마찬가지로 경제는 어쩌면 성장보다는 분배가 더 중요한 문제다. 어떻게 분배를 해야 사회적 갈등을 최소화하며, 또 만족할 수 있는가가 더 중요한 것이다.

그런데 주류경제학은 주로 성장의 극대화에만 연

구를 해왔지, 분배의 문제에 관한 연구는 미흡한 것이 사실이다. 아마도 분배의 문제는 가치가 개입될 여지가 많고, 경제학이 순수한 사회과학으로 남기를 원하는 많은 경제학자가 이 문제를 애써 외면해왔는지 모른다.

다시 말해 경제문제의 태생적 원인은 자원의 희소성이고 따라서 이를 해결하려는 다양한 철학적, 경제학적, 사회학적 연구가 더 활발히 이루어져야 한다.

24

노력 없이 이루어지는 것은 없다

필자는 젊었을 때 음악가의 꿈을 꾼 적이 있었다. 작곡도 하고 작사도 해보았는데 작사가 특히 어려웠다. 그러던 중 우연히 포크그룹 동물원의 김창기 님을 뵐 기회가 있었다.

이런저런 얘기를 하면서 특히 작사가 어렵다고 했더니, 많이 연습해야 한다고 하였다.

김창기 님이 만든 곡을 들어보면 가사가 쉬워 보

였다. 일상의 일들을 가벼운 터치로 그려낸 곡들이 많다. 그래서 그 창작 과정도 쉬웠을 거라고 생각했었나 보다. 그러나 그 이면엔 수없는 연습, 쓰고 지우고 다시 쓰고의 반복과 노력의 결과물이었던 것이다.

흔히 호사가들이 타이슨의 전성기 때 그가 K.O 승으로 이기면 주먹 한 번에 얼만큼을 벌었는지 수치로 환산하곤 했다. 말 그대로 호사가들의 말일뿐 그 한 번의 주먹을 단련하기 위해 얼마나 많은 땀과 노력을 기울였는지 헤아리기 어려울 것이다.

세상에 쉽게, 저절로 이루어지는 것은 없다. 미래의 나의 모습은 현재의 흘린 땀의 결과물인 것이다. 아무런 노력도 하지 않고 좋은 가사가 나오기를 바라는 것처럼, 현재의 땀흘리기를 게을리

하면서 미래에 무언가를 기대하는 것은 안 될 일
이다.

25

무소유와 세계평화

탐욕은 모든 분쟁의 씨앗이다. 그리고 그 씨앗에
의해서 다툼도 생겨나고 전쟁도 일어난다.

세계 평화, 즉 단 1건의 전쟁이 없는 세계는 불가
능하다는 말이 있다. 근원적으로 따져들어가면 모
든 인간은 크건 작건 탐욕이 있기 때문이다.

만일에 이상적인 가정이지만 모든 인간이 탐욕을
버린다면, 다시 말해서 법정스님과 같은 무소유의

정신을 실천한다면 어떻게 될까? 모르긴 몰라도 거의 모든 분쟁은 사라질 것이다. 여기서 이상적인 가정이라고 했는데, 이상향의 존재 의의는 다다를 수 없다는 데 있는 것이 아니라 이룰 수 없지만 조금씩이라도 가까워지려는 노력에 있다.

개개인이 무소유의 정신을 받아들여 욕심을, 가진 것을 10%만 줄일 수 있다면 세계의 분쟁의 10%는 줄일 수 있지 않을까?

법정스님의 무소유는 매 순간 뼈를 깎는 고행이다. 그리고 모든 인간에게 그러한 수준의 무소유를 강요하는 것은 사실상 불가능하다. 하지만 가진 것을 조금씩만 줄여나가는 노력도 무소유의 정신이라고 할 수 있지 않을까? 무소유란 아무것도 갖지 않는 것이 아니다. 불필요한 것을 갖지 않는 것이다. 이렇게 불필요한 것을 조금씩 줄여나갈 때 세상은 조금씩 더 살기 좋은 곳이 될 것이다.